GUTE GEDANKEN

für jeden Tag

ES IST EINE VERWANDTSCHAFT ZWISCHEN
DEN GLÜCKLICHEN GEDANKEN
UND DEN GABEN DES AUGENBLICKS:
BEIDE FALLEN VOM HIMMEL.

Friedrich Schiller

Das ist Lebenskunst:
sich vom täglichen Muss
der Zwänge lösen, verzaubern
lassen vom Zauber
des Augenblicks.

Peter Friebe

AUFGABE DES LEBENS,
SEINE BESTIMMUNG, IST FREUDE.
FREUE DICH ÜBER DEN HIMMEL, ÜBER DIE SONNE,
ÜBER DIE STERNE, ÜBER GRAS UND BÄUME,
ÜBER DIE TIERE UND DIE MENSCHEN.

Leo Tolstoi

AM WICHTIGSTEN IST
innerer Friede.

Dalai Lama

BEI EINEM BLICK INS WEITE
ERHOLEN UND ENTSPANNEN SICH NICHT
NUR DIE AUGEN, SONDERN AUCH
der Mensch.

Paul Wilson

ICH HABE MIR ANGEWÖHNT,
BEI MEINEN HANDLUNGEN
meinem Herzen zu folgen
UND WEDER AN MISSBILLIGUNGEN
NOCH AN FOLGEN ZU DENKEN.

Johann Wolfgang von Goethe

Das Glück deines Lebens hängt von der Beschaffenheit deiner Gedanken ab.

Marc Aurel

Alles ist gut zu seiner Zeit.

aus Italien

AUF SEINE EIGENE ART ZU DENKEN
IST NICHT SELBSTSÜCHTIG.
WER NICHT AUF SEINE EIGENE ART DENKT,
DENKT ÜBERHAUPT NICHT.

Oscar Wilde

Sein, was wir sind,
und werden, was wir
werden können, das ist
das Ziel des Lebens.

Baruch de Spinoza

SCHÖN IST EIGENTLICH ALLES,
WAS MAN MIT LIEBE BETRACHTET.
JE MEHR JEMAND DIE WELT LIEBT,
DESTO SCHÖNER WIRD ER SIE FINDEN.

Christian Morgenstern

Es sind deine eigenen hellen Gedanken, die wie Sonnenstrahlen trübe Tage aufzuhellen vermögen.

Yvonne Mölleken

An das Gute glauben,

SICH FALLEN LASSEN

UND VON GANZEM HERZEN

DEM LEBEN VERTRAUEN,

HEIẞT ES LIEBEN.

Nina Sandmann

DIE ZEIT IST NUR EIN
LEERER RAUM, DEM
BEGEBENHEITEN, GEDANKEN
UND EMPFINDUNGEN ERST
den Inhalt geben.

Wilhelm von Humboldt

Auf die Dauer der Zeit
nimmt die Seele die Farben
der Gedanken an.

Marc Aurel

DAS LEBEN LIEGT WEDER
IN DER VERGANGENHEIT NOCH
IN DER ZUKUNFT, SONDERN ALLEIN
in der Gegenwart.

Kamada Issó

HELLE GEDANKEN UND
EIN HEITERES GEMÜT MACHEN
schöne Tage.

Henry David Thoreau

DIE KRAFT DER GEDANKEN
IST UNSICHTBAR WIE DER SAME, AUS
DEM EIN RIESIGER BAUM ERWÄCHST;
SIE IST ABER DER URSPRUNG
FÜR DIE VERÄNDERUNGEN IM
LEBEN DES MENSCHEN.

Leo Tolstoi

Blicke oft zu den Sternen empor –
als wandelst du mit ihnen.
Solche Gedanken reinigen die Seele.

Marc Aurel

AUF DINGE, DIE
NICHT MEHR ZU ÄNDERN SIND,
MUSS AUCH KEIN BLICK ZURÜCK
MEHR FALLEN.
WAS GETAN IST, IST GETAN
UND BLEIBT'S.

William Shakespeare

DIE GEDANKEN SIND FREI.

WER KANN SIE ERRATEN?

SIE RAUSCHEN VORBEI

WIE NÄCHTLICHE SCHATTEN.

KEIN MENSCH KANN SIE WISSEN,

KEIN JÄGER SIE SCHIEßEN.

ES BLEIBET DABEI:

Die Gedanken sind frei!

Hoffmann von Fallersleben

„*Leben ist nicht genug*",
SAGTE DER SCHMETTERLING.
„SONNENSCHEIN,
FREIHEIT UND EINE KLEINE BLUME
MUSS MAN HABEN!"

Hans Christian Andersen

DEM WAHRHAFT NEUGIERIGEN
ERSCHLIESST SICH ALLES, WAS DAS LEBEN
zu bieten hat.

William Morris Davis

Textnachweis: Wir danken allen Autoren bzw. deren Erben, die uns freundlicherweise die Erlaubnis zum Abdruck von Texten erteilt haben.

Bildnachweis: Cover: Bachkova Natalia/Shutterstock.com (Foto); Innenteil: Schmuckvignetten: Patt Patt/Shutterstock.com; Foto: S. 2: stock.adobe.com/Andrew Mayovskyy, S. 5: stock.adobe.com/rustamank, S. 6: stock.adobe.com/Jürgen Fälchle, S. 8: danm/Moment/Getty Images, S. 11: stock.adobe.com/Kotkoa, S. 13: stock.adobe.com/freeman83, S. 15: Olga Danylenko/Shutterstock.com, S. 17: stock.adobe.com/Jenny Sturm, S. 18: stock.adobe.com/FurryFritz, S. 20: stock.adobe.com/Andrew Mayovskyy, S. 23: stock.adobe.com/Станислав, S. 25: stock.adobe.com/PixieMe, S. 26: stock.adobe.com/Superhasi, S. 29: stock.adobe.com/tomertu, S. 30: stock.adobe.com/marik lengauer/EyeEm, S. 33: stock.adobe.com/DoraZett, S. 34: stock.adobe.com/sandpiper, S. 37: stock.adobe.com/Wellnhofer Designs, S. 38: stock.adobe.com/Fabio Iamanna, S. 41: stock.adobe.com/2mmedia, S. 42: stock.adobe.com/Konstiantyn, S. 44: stock.adobe.com/kruffka, S. 47: stock.adobe.com/david hutchinson

Cover: Katja Heller
Layout und Satz: Petra Schmidt Grafik Design
Gesamtherstellung: AZ Druck und Datentechnik GmbH, Kempten

Gute Gedanken für jeden Tag
ISBN 978-3-8485-0218-9
© 2023 Groh Verlag. Ein Imprint der Verlagsgruppe
Droemer Knaur GmbH & Co. KG
Maria-Luiko-Straße 54, 80636 München
www.groh.de

Kontaktadresse nach EU-Produktsicherheitsverordnung:
produktsicherheit@droemer-knaur.de